英語の電話 直前3時間の技術

竹村和浩 著

はじめに

「電話で英語を話すなんてムリ！」という人は多いです。会社に英語の電話がかかってくると、応対できる人が見つかるまで社内をたらい回しに……などということも、しばしば起こると聞きます。あるいは、覚えた英語を電話口で使ってみたものの、相手に伝わらなくて焦ったり落ち込んだり――そんな経験のある人も、少なくはないはず。

もちろん、最初からこういった困難を避けてメールでやり取りしてもよいのですが、より即時性に優れた電話で先方と直接コミュニケーションする必要は、ビジネス効率アップの面からは決して無視できません。いつまでも「苦手だから」と避け続けるわけにはいかないでしょう。

ところで、従来どおりにフレーズを「頭で覚えるだけ」では、電話という「音声のみ」に頼る現場では太刀打ちできません。どんなに正しいフレーズも、正しい発音で話さなければ相手に伝わりません。発音の苦手は、そのままコミュニケーションの難しさに直結するのです。英会話の中でも、電話が最もコミュニケーションが難しいと言われる理由がここにあります。

そこで本書では、相手に必ず伝わる英語を話すために、まずは何よりも**正しい発音を意識する**ことを重視しています。同時に、定型パターンの中で繰り返し**口に覚えさせる**ことを軸に、トレーニングを進めていきます。**音として覚え込んだフレーズ**は、本番の電話でもすらすらと、口をついて出てくるようになるはずです。

ポイントを押さえた**3時間集中レッスン**ですので、多忙なビジネスパーソンにも取り組みやすいはず。コーチとして、私が伴走させていただきます。一緒にがんばりましょう！

竹村和浩

目　次

はじめに……………………………………………………………002
英語の電話は直前3時間で勝負！……………………………………006
この本の使い方………………………………………………………008

本番まであと3時間!!

オリエンテーション…………………………………………………011
発音して Warm-up!……………………………………………………015
電話のキホンに Try!…………………………………………………022
応急フレーズで備え万全……………………………………………028

本番まであと2時間!!

電話を「受ける」30分………………………………………………029
電話を「保留・転送する」30分………………………………………039

本番まであと1時間!!

電話を「かける」30分 ……………………………… 049
話を「進める」30分 ……………………………… 059

言いたいことがすぐ分かる!
機能別フレーズ集 ……………………………… 069

英語の電話は**直前3時間**で勝負!

本書の内容は、3時間後に英語で電話応対を行うことを想定して以下のように構成されています。本番までの時間をカウントダウンしながら、30分につき1つのテーマで学習を進めます。

本番まであと**3**時間!!

【オリエンテーション&発音練習】
- 電話の英会話に必要な**心得を理解**します。また、本書でのレッスンの核となる**3つのポイント**を頭に入れます。
- 代表的な英語の**子音と母音の特徴**を知り、発音のコツをつかみます。

【まずは**基本**パターン】
- **基本フレーズ**をリピート。「ロールプレイ」で会話も練習します。
- 実際の電話で起こり得る「緊急事態」に備えて、**応急フレーズ**を覚えます。

本番まであと**2**時間!!

【電話を「受ける」トレーニング】
- 「もしもし、○○社です」から相手の名前の確認まで、**突然かかってくる電話に落ち着いて応対する**ためのフレーズをマスターします。

【電話を「保留・転送する」トレーニング】
- 「少々お待ちください」で**保留**し、「おつなぎします」で**転送**する……スムーズな応対に必要なフレーズを覚えます。

立ち止まらずに
どんどん進みましょう。

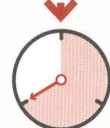

本番まであと1時間!!

【電話を「かける」トレーニング】
- 誰に取り次いでほしいか正しく伝えたり、不在の相手に伝言を残したりする際に決め手となるフレーズを身に付けます。

【話をもっと「進める」トレーニング】
- テーマは「アポイントを取る」。互いの予定をすり合わせるために役立つフレーズを練習します。

さあ、受話器を取りましょう！

ここまで来れば、英語の電話は恐くありません。自信を持って堂々と話しましょう。

この本の使い方

各ユニットの学習は①〜⑧の順番で進めます。

※「オリエンテーション」(p. 11)から「応急フレーズで備え万全」(p. 28)までは学習の流れが異なりますので、テキスト中の指示に従って進めてください。

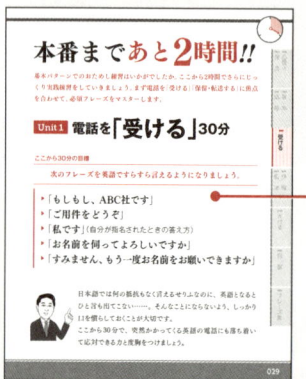

① 1ユニット(30分)の目標
ここに挙げられた日本語フレーズを、30分後に英語ですらすら言えるようになる! それが目標です。どんな英語フレーズで表せばいいか、ページをめくる前に自力で考えてみましょう。

② フレーズごとにリピート
音声を再生し、ポーズ(間)で繰り返し言ってみましょう。テキストを見ても構いません。

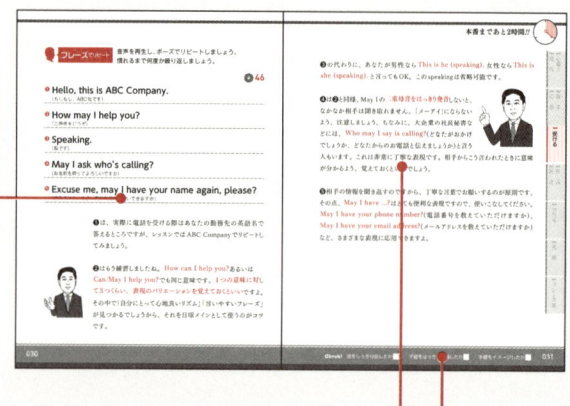

③ 解説を読んで発音チェック
正しい発音のための注意点が満載。苦手な発音ほど、コツを知って反復練習することが大切です。その際、ページ下の3点を常に意識しましょう。

④ ダイアログ（会話）の中でリピート

音声を再生し、まず会話全体を通しで聞きましょう。次のトラックでは、ポーズで2人のせりふを繰り返し言ってみましょう。テキストを見ても構いません。CDを途中で止めず、自然なスピードに慣れましょう。

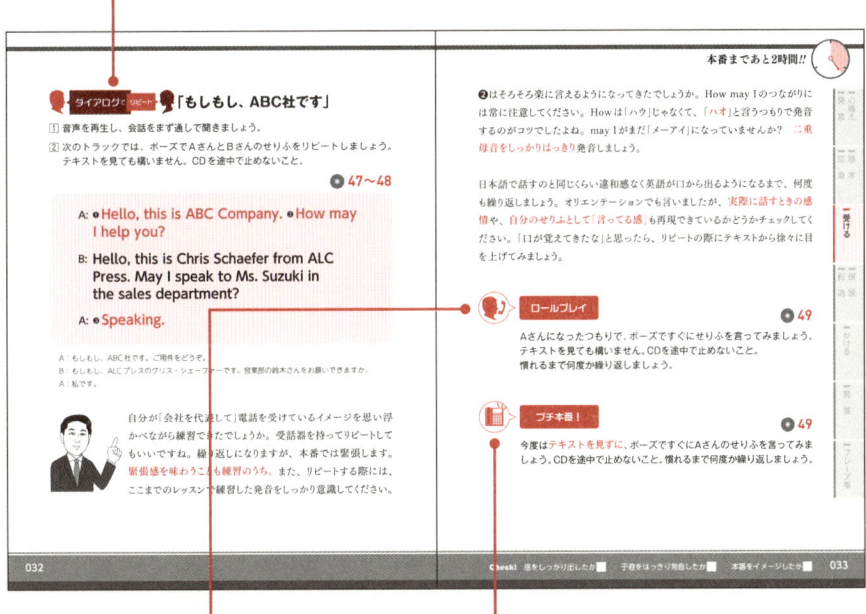

⑤ 話者になりきる！「ロールプレイ」

音声を再生し、ポーズですかさずAさんのせりふを言いましょう。テキストを見ても構いません。ただし、CDを途中で止めないでください。

⑥「プチ本番！」で言えれば合格

今度はテキストを見ずに、ポーズでAさんのせりふを言えるか試しましょう。CDを止めてはいけません。うまく言えなかったらテキストを確認し、再挑戦。

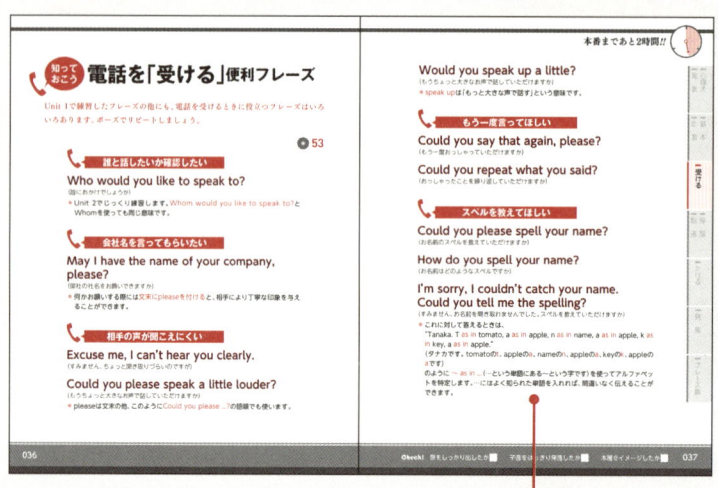

⑦ プラスαの「便利フレーズ」

ここまでに練習したフレーズの他に、覚えておきたいフレーズを挙げています。音声を再生し、ポーズでリピートしましょう。

⑧ 目標到達度をチェック

ユニットの始めに設定した目標フレーズを、英語ですらすら言えるようになったでしょうか。もしも言えないフレーズがあったら、次のユニットを始める前に必ず復習を！

- 弊社制作の音声 CD は、CD プレーヤーでの再生を保証する規格品です。
- パソコンでご使用になる場合、CD-ROMドライブとの相性により、ディスクを再生できない場合がございます。ご了承ください。
- パソコンでタイトル・トラック情報を表示させたい場合は、iTunes をご利用ください。iTunes では、弊社が CD のタイトル・トラック情報を登録している Gracenote 社の CDDB（データベース）からインターネットを介してトラック情報を取得することができます。
- CD として正常に音声が再生できるディスクからパソコンや mp3 プレーヤー等への取り込み時にトラブルが生じた際は、まず、そのアプリケーション（ソフト）、プレーヤーの製作元へご相談ください。

本番まであと3時間!!

「受話器を取っていきなりハローって聞こえると、心臓が破裂しそう」……
そんな日頃の不安、ぜひ「今日のうちに」解消しましょう。ここから3時間のレッスンで、英語で堂々と電話できるあなたに変身していただきます。

ここから30分の学習

- 英語で電話を受ける・かけるために必要な心得を理解しましょう。
- 相手に伝わりやすい発音の基礎を練習しましょう。

オリエンテーション 【電話の英会話はなぜ難しい？】

皆さん、こんにちは！ コーチの竹村です。これから3時間、電話の英会話を集中的にトレーニングしましょう。私が伴走しますので、しっかりついてきてください。

まず、「電話の英会話」と聞いてどんなイメージを思い浮かべますか。多くの人が、「緊張する」「難しそうだな」と思っているようですね。

その印象の通り、電話で英語を話すことは、確かに非常に難しいのです。さて、どうして難しいのでしょうね。ページをめくる前に、ちょっと考えてみてください。

☆**電話の英会話はどうして難しいのでしょうか。**

・**音声のみのやり取り**で用件を伝えたり、聞き取ったりしないといけないから（身ぶり手ぶりが当てにできない！）。
・相手の顔が見えない分、**緊張感と不安感**が大きいから。

目の前に相手がいる場合は、言葉以外の情報も使ってやり取りできます。ジェスチャーや表情で言いたいことがある程度伝わった経験は、あなたもお持ちではないでしょうか。一方、電話では相手の顔が見えませんから、**音声のみでコミュニケーションしなければいけません**。つまり電話とは、意思伝達において最も難度の高いシチュエーションであると言っていいでしょう。

【そもそも「会話」って？】

ところで、「会話」とはそもそも何でしょうか。どんな言語であっても、会話は大きく**2つの要素のやり取り**で成り立っていますが、その2つが何か、分かりますか。

 [　　]に適切な言葉を入れましょう。

会話は [　　　　] と [　　　　　] で成り立っている。

"How are you?"（調子はどう？）と "I'm fine."（元気です）というあいさつを例に、ヒントを挙げましょう。ここで、それぞれのせりふがどういった役割を担っているかがポイントです。

まず、「調子はどう？」、これは質問ですね。「元気です」は自分の状態を説明、つまり描写しています。他にも、「昨日映画を見に行きました」という描写に対して、「どんな映画ですか」と質問することもあるでしょう。いずれにしても、会話は描写と質問のやり取りで成り立っているのです。

 ココが大事です！

> 会話は **描写** と **質問** で成り立っている。

英会話ができるとは、英語で描写できる・英語で質問できることに他なりません。それができれば、電話の英会話も問題なくできるはずですね。「そんなにうまく行くかな」と心配に思うかもしれませんが、電話でよく使う描写と質問のフレーズにはパターンがあります。頻出フレーズをいかに使うか、パターンを効率良く学習してマスターすれば、難度の高い電話といえども恐れる必要はありません。

描写と質問のパターンに、電話でよく使う語句を当てはめて、使えるフレーズを増やしていきましょう。

【電話の英会話を攻略する3つのポイント】

さて、この本で電話フレーズをトレーニングしている間は、ぜひ次の3つのポイントに気を付けてください。

☆**レッスン中はこの3点を常に意識しましょう。**

> 1 英語の**正確な発音**を心掛けること。
> 2 何度も**口に出して練習し**、体に染み込ませること。
> 3 実際に**そのフレーズを使う場面をイメージする**こと。

「1 **正確な発音**」は、メッセージを伝える上で必須のポイントです。日本人が英語を話すときの大きなハードルが「音の壁」。これは、どんなに正しいフレーズを使っても、**英語として的確な発音ができていないために相手に通じない**といった問題です。日本語と異なる音の特徴を押さえて、このハードルを乗り越えましょう。

「2 **口に出して練習する**」とは、頭で覚えるのではなく、必ず**声を出して練習し、口慣らしする**ということ。必要なフレーズが反射的に**口をついて出てくる**ようになるまで、何度も練習しましょう。

英文をただ読み上げるのではなく、「3 **使う場面をイメージしながら**」口に出すことも非常に重要です。例えば日本語で「もしもし、営業部の○○さんをお願いします」と言うのと同じくらい自然に、**自分のせりふとして言っている感覚**を研ぎ澄ませましょう。**違和感なく言えているかどうか**に加え、実際に話す場面での**感情や感覚も再現しながら言えているかどうか**、常に自分を観察してください。

> では、次のページから、発音の基礎レッスンを始めます。

本番まであと3時間!!

発音してWarm-up!【英語の音は、音節と子音が大事】

英語の音には音節という音の区切りがあります。1つの音節は1つの母音を基にして、「子音＋母音」「子音＋母音＋子音」などの組み合わせで成り立っています。英語のリズムには、「1音節につき1拍」で発音するという原則があります。よって、電話口でもネイティブスピーカーと同じ音節ベースのリズムで話すことが、意思疎通をスムーズにするコツなのです。

例えば、パンを表すbread（子音[br]＋母音[e]＋子音[d]）をカタカナ発音すると3拍の「ブ・レッ・ド」ないしは4拍の「ブ・レ・ッ・ド」ですが、英語ではこの単語を1拍（1音節）で発音します。ですので、何度「ブ・レッ・ド」「ブ・レ・ッ・ド」と言っても、音節で認識するネイティブスピーカーには通じませんよ。

●01 聞いてみよう

日本語の「ブレッド」と英語のbreadを聞き比べましょう。また、英語のbreadの後に続いて発音してみましょう。

音節の他にもう1つ、英語ならではの特徴があります。それは子音。日本語の発音が母音中心なのに対して、英語の発音は子音が中心。よって、子音をはっきり発音すれば、ぐっと英語らしく聞こえるようになるのです。このとき、しっかりと息を吐くよう意識するのが、発音上達のコツです。

☆**英語を正しく発音するために重要なことは？**

- **1音節＝1拍**のリズムで話すこと。
- その際、**子音**を起点に発音すること。また、しっかり**息を吐く**こと。

【まねして発音してみよう】

ここで、代表的な子音と母音およびそれを含む単語の発音を練習します。
音声を再生してよく聞いてください。また、後に続いて発音してみましょう。

破裂系の子音

破裂音と呼ばれます。その名の通り、唇や舌などを使って破裂させて出す音です。

[p] ◉02〜03　ごま粒飛ばしと覚えましょう。唇に付いたごまを何かに向かって飛ばす感じで両唇を破裂させて発音します。飛ばしたごまが目の前の的にぴたっと貼り付く勢いで、乾いた音を出しましょう。

単語の例　pea[piː]（豆）　park[pɑːrk]（公園）

[b] ◉04〜05　[p]と同様に両唇を破裂させて出す音です。[p]を発音するつもりで、喉の奥でちょっとうなって震えを足すと上手に[b]が発音できます。

単語の例　bee[biː]（蜂）　buy[bai]（買う）

[t] ◉06〜07　まず、舌の先と上あごで息をせき止めます。その後、舌先だけを破裂させるとこの音が出ます。

単語の例　tea[tiː]（お茶）　time[taim]（時間）

[d] ◉08〜09　[t]と同じ場所で破裂させますが、[d]の場合には同時に少しうなって震えを足します。

単語の例　desk[desk]（机）　dinner[dínər]（夕食）

本番まであと3時間!!

[k] ◎10〜11

まず息を吸って、舌の根元(喉の奥)で息をせき止めます(あまり上品な話ではありませんが、「カーッ」と痰を吐くときに使う場所です)。そのまま、喉の奥で強く破裂させるとこの音になります。喉の奥でダムをいったんせき止めてから決壊させるイメージです。

単語の例 key[kiː](鍵) kind[kaind](親切な)

[g] ◎12〜13

[k]にうなりを足しましょう。食べ物が喉に詰まる辺りを使います。ちなみに、アニメの『サザエさん』がかつて番組のエンディングで、お菓子をうっかり喉に詰まらせたときに出していた音も、これに近いです。

単語の例 get[get](入手する) good[gud](良い)

電話は音声だけのやり取りですから、自分の発音が通じないのは致命的ですね。
子音を丁寧に正しく発音すれば、聞き取りやすい英語になりますよ。

歯を使って出す**子音**

破裂系の子音に引き続き、歯を使って出す音に進みます。これらは摩擦音とも呼ばれます。

[f] ◉14〜15

上の歯と下唇で息を抑えて出します。霧吹きのように、**ふわっと出す感じ**を大切に。息を噴霧させるイメージですので、「フマキラーのf」と覚えましょう。

> 単語の例　　face[feis]（顔）　four[fɔːr]（4）

[v] ◉16〜17

[f]で息を強めた瞬間にちょっとうなって震えを足します。そうすると、きれいな[v]の音が出ますよ。**下唇に震えを感じれば正しく発音できている証拠**です。

> 単語の例　　very[véri]（非常に）　five[faiv]（5）

[s] ◉18〜19

上下4枚の前歯の真ん中から**息を長く出して**発音しましょう。歯の先からできるだけ**細く強く息をこすって**出しましょう。

> 単語の例　　see[siː]（見える）　sit[sit]（座る）

[z] ◉20〜21

[s]の息を強めた瞬間に、**ちょっとうなって震えを足します。震えが出るまでちょっと待つのがコツ**です。

> 単語の例　　zoo[zuː]（動物園）　rose[rouz]（バラ）

本番まであと3時間!!

[θ] ●22〜23　上の前歯を舌の上に乗せる感じで、息を漏らして出す音です。息をせき止めながらも、「止めている割には、息が吐けるなぁ」と感じれば、うまく発音できているはずです。

単語の例　thank[θæŋk]（感謝する）
　　　　　think[θiŋk]（考える）

[ð] ●24〜25　[θ]にうなりを足しましょう。これも震えが出るまでちょっと待つとうまく行きます。なお、歯を使って出す子音は全般に、長め・強めに息を使って発音するときれいに発音できます。

単語の例　this[ðis]（この）　with[wið]（一緒に）

学校ではよく「[θ]を発音するときは上下の前歯で舌をかみなさい」と指導されますが、本当にかまなくてもいいですよ（かんだら死んでしまいます！）。むしろ、前歯を舌に「乗せる」感覚をつかんでください。

鼻音

鼻に息を通して出す音です。日本人の耳にはどれも「ン」に聞こえますが、英語のネイティブスピーカーにとってはそれぞれ違う音。唇や舌先の使い方で違いを出しましょう。

[m] 26〜27

両唇を閉じて息を吐きましょう。このとき、息は鼻に抜けるはず。両唇に震えを感じたら、息が鼻に通っている証拠です。

単語の例　many[méni]（多くの）　come[kʌm]（来る）

[n] 28〜29

[t]と同じ舌の位置を使いますが、[t]のように破裂はさせません。まず、舌先で上あごを押さえます。そして唇は開けたまま、鼻に息を送りましょう。

単語の例　name[neim]（名前）　one[wʌn]（1）

[ŋ] 30〜31

口を開けて、どこにも舌先を付けずにそのまま直接、息を鼻に送ります。日本語ではなじみのない音なので、最初は違和感があるかもしれませんが、何度も繰り返し発音して慣れましょう。

単語の例　long[lɔːŋ]（長い）　bring[briŋ]（持ってくる）

本番まであと3時間!!

母音

英語の母音のうち、特に押さえておきたい4種を練習します。それぞれの特徴をよく聞いて、まねして言ってみてください。日本語の「ア」で代用しないよう注意しましょう。

[ɑ] 🔴 32〜33

喉を全開にして発音します。**喉の開きをキープしながら、息を吐き続けるイメージ**です。耳鼻咽喉科で喉の奥に薬を塗ってもらうときの開き具合を思い出してみてください。

[単語の例] box[bɑks](箱) stop[stɑp](止まる)

[æ] 🔴 34〜35

アメリカ英語に特徴的な、「ア」と「エ」の中間にある音です。あご落としと覚えましょう。**下あごを思い切り下げ、口を下辺の長い台形に開けて**発音します。鏡を見ながらやってみるといいですよ。ちなみに、背中を踏まれたカエルの鳴き声のイメージなので、別名「カエル音」と私は呼んでいます。

[単語の例] can[kæn](缶) Japan[dʒəpǽn](日本)

[ʌ] 🔴 36〜37

口を開けて喉で息を止める感じで、**短くとがった音**を出します。[ɑ]と同じ場所で出しますが、[ɑ]より短いバージョンだと覚えておきましょう。

[単語の例] cut[kʌt](切る) bus[bʌs](バス)

[ə] 🔴 38〜39

「ア」でもなく「ウ」でもない、曖昧母音と呼ばれる音。息を吐きながら「**ア**」**の口で**「**ウ**」**と言う**と、両方の音が程よく混ざってこの音になります。反抗期の男子高校生に用事を頼んだときの、「アァ」「ウゥ」という返事のイメージ。ちなみに、曖昧母音はアクセントを伴わないことがほとんどです。

[単語の例] about[əbáut](〜について)
banana[bənǽnə](バナナ)

ここから30分の学習
- 英語の電話を受ける・かける基本のパターンを練習しましょう。
- いざというときに役立つ応急フレーズを覚えましょう。

電話のキホンに Try! 【電話を「受ける」基本フレーズ】

ここからはいよいよ、まとまったフレーズを話す練習をしていきます。最初は電話を「受ける」ための基本フレーズを集中してトレーニング。しっかり声を出して口慣らししてくださいね。

 音声を再生し、ポーズでリピートしましょう。
「口が慣れたな」と感じるまで何度か繰り返しましょう。

❶ **VWX Inc. Good morning. / Good afternoon.**
(VWX社です。おはようございます／こんにちは)

❷ **How may I help you?**
(ご用件をどうぞ)

❸ **Certainly, Ms. Wilson. May I ask what it's about?**
(かしこまりました、ウィルソンさま。どのような件についてでしょうか)

❹ **Just a moment, please.**
(少々お待ちください)

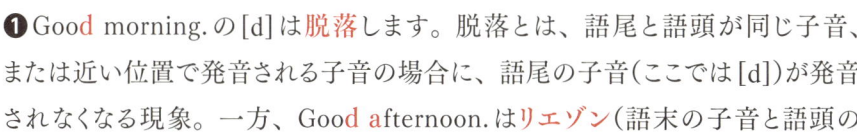

本番まであと3時間!!

❶ Good morning. の [d] は脱落します。脱落とは、語尾と語頭が同じ子音、または近い位置で発音される子音の場合に、語尾の子音(ここでは[d])が発音されなくなる現象。一方、Good afternoon. はリエゾン(語末の子音と語頭の母音がつながること)が起こるので、2語を区切らず自然につなげて発音します。

❷ は may I の二重母音「メイ」と「アイ」がポイントです。「メーアイ」と伸ばさないよう注意しましょう。また、help you の p をしっかり破裂させること。help と you は区切らず、p と you をつなげて [hel/pju:] と発音すると自然です。

❸ Certainly [səːrtnli] は [s] を長めに、[t] は飲み込むように一気に発音します。May I ask は一息で。ask の a はあご落とし(p. 21)。下辺の長い台形の口で、下あごを思い切り落とします。あごを完全に落とすために時間をかけて、a を長く発音すると英語らしく聞こえます。what it's about はリエゾンを伴い、[hwɑ/ti/tsə/baut] と子音と母音の音節単位で読みます。また、子音を強く発音しましょう。

❹ [dʒʌ/stə/mou/mə/ntpliːz] のように子音の連続をひとまとまりに発音すると、英語らしいリズムが生まれます。

リピートする際には徐々にテキストから目を上げてください。
3点チェック(ページ下↓)も忘れずに!

Check! 息をしっかり出したか □   子音をはっきり発音したか □   本番をイメージしたか □

【電話を「かける」基本フレーズ】

次に、自分から電話を「かける」ための基本フレーズに挑戦します。長めのフレーズもありますが、引き続き子音をはっきり発音するよう注意してください。

 音声を再生し、ポーズでリピートしましょう。
「口が慣れたな」と感じるまで何度か繰り返しましょう。

🔴 41

❺ **Hello, this is Jenny Wilson from ABC Company.**
（もしもし、ABC社のジェニー・ウィルソンと申します）

❻ **Could I speak to the person in charge of the marketing department?**
（マーケティング部の責任者の方をお願いできますか）

❼ **It's about your new product.**
（御社の新製品についてです）

❺ Helloはhで息を吐きます。this isは「ディス」「イズ」と分けて発音するのではなく、リエゾンを伴い[ði/siz]と子音と母音の音節単位でつなげて読みます。また、Companyのpは破裂させましょう。

❻ Could I speak toは単語を1語ずつ区切って言うと不自然に聞こえるので注意。[ku/dai/spiː/ktuː]のように子音を起点に、音節を大事にした発音を心掛けましょう。the person in charge of theは[ðə/pəːrs/nin/tʃɑːr/dʒɔ/vðə]のように、音節ごとに分けて発音しながらも、一息でつなげる要領で言ってみてください。ちょっと難しいですが、子音のキレの良い発音を目指しましょう。

❼ では、「アバウト」「プロダクト」というカタカナ発音にならないよう気を付けましょう。また、It's about yourを[i/tsə/bau/tʃɔːr]のように子音を起点につなげて発音するよう、注意してみてください。

> テキストを見ずにリピートできますか？
> 実際に電話をかけているシチュエーションを思い浮かべることも大事です。

【本人になりきって練習】

会話の話者になりきって口に出す練習、それがロールプレイです。ポーズが入ったらすかさずフレーズを言ってみましょう。本番をイメージして取り組みましょう。

 ロールプレイ

1. トラック42を再生し、会話を通しで聞きましょう。
2. トラック43のポーズですぐにAさんのせりふを読みましょう。
3. トラック44のポーズですぐにBさんのせりふを読みましょう。

2と3では、CDを途中で止めないこと。

 42～44

A: ❶ VWX Inc. Good morning. ❷ How may I help you?

B: ❺ Hello, this is Jenny Wilson from ABC Company. ❻ Could I speak to the person in charge of the marketing department?

A: ❸ Certainly, Ms. Wilson. May I ask what it's about?

B: ❼ It's about your new product.

A: ❹ Just a moment, please.

本番まであと3時間!!

さあ、リピート練習の成果を遺憾なく発揮できたでしょうか。特にAさんのパートでは、会社の窓口として電話を受ける状況を思い浮かべながら言えたでしょうか。本番に向けて、緊張感を今から味わっておけば心の準備も万全ですね。

❷のHow may Iのつながりには特に注意。Howは「ハウ」ではなくて、「ハオ」のつもりで言うと、英語の音に近くなります。may Iでは、「メイ」と「アイ」の二重母音をはっきり発音できたでしょうか。

ポーズでとっさに言えなかったら、まだ練習が足りないということです。子音を起点にしてフレーズを一息で言えるよう、練習しておくといいでしょう。日本語で話すのと同じくらい違和感なく英語が口から出るようになるまで何度か繰り返しましょう。「口が慣れてきたな」と思ったら、テキストを見ずに言えるか試してみてください。

A：VWX社です。おはようございます。ご用件をどうぞ。
B：もしもし、ABC社のジェニー・ウィルソンと申します。
　　マーケティング部の責任者の方をお願いできますか。
A：かしこまりました、ウィルソンさま。どのような件についてでしょうか。
B：御社の新製品についてです。
A：少々お待ちください。

Check! 息をしっかり出したか ■　　子音をはっきり発音したか ■　　本番をイメージしたか ■

応急フレーズで備え万全

電話に出たら、あなたは「会社の代表」。相手に悪い印象を与えないよう、緊急時に役立つフレーズを幾つか覚えておくと安心です。
音声を再生し、ポーズでリピートしましょう。

 「英語だ！」と頭が真っ白になったら

Hold one moment, please.
（少々お待ちください）

* 英語の電話を受けたとき、黙ったまま固まってしまうことのないように。まずはこのフレーズで保留して気持ちを落ち着かせましょう（保留の表現はUnit 2でしっかり練習します）。ここまでに練習したJust a moment, please.の他、One moment, please.でも同じ意味です。

 相手の話すスピードが速すぎるなら

Excuse me, but could you speak more slowly?
（すみませんが、もっとゆっくり話していただけますか）

* 2回目のナレーションのように、あなたもゆっくり言いましょう。自分が「聞きたい速度」で話せば、スピードの目安が相手に伝わりやすくなります。

「これ以上はとても無理」と思ったら

One moment, please. I'll get someone who speaks English.
（少々お待ちください。英語を話す者に替わります）

* できれば使わずに済ませたいフレーズですが、最終手段として頭に入れておけば心理的にはラクになるでしょう。

本番まであと2時間!!

基本パターンでのおためし練習はいかがでしたか。ここから2時間でさらにじっくり実践練習をしていきましょう。まず電話を「受ける」「保留・転送する」に焦点を合わせて、必須フレーズをマスターします。

Unit 1　電話を「受ける」30分

ここから30分の目標

次のフレーズを英語ですらすら言えるようになりましょう。

- 「もしもし、ABC社です」
- 「ご用件をどうぞ」
- 「私です」(自分が指名されたときの答え方)
- 「お名前を伺ってよろしいですか」
- 「すみません、もう一度お名前をお願いできますか」

日本語では何の抵抗もなく言えるせりふなのに、英語となるとひと言も出てこない……。そんなことにならないよう、しっかり口を慣らしておくことが大切です。

ここから30分で、突然かかってくる英語の電話にも落ち着いて応対できる力と度胸をつけましょう。

 音声を再生し、ポーズでリピートしましょう。
慣れるまで何度か繰り返しましょう。

🔴 46

❶ **Hello, this is ABC Company.**
（もしもし、ABC社です）

❷ **How may I help you?**
（ご用件をどうぞ）

❸ **Speaking.**
（私です）

❹ **May I ask who's calling?**
（お名前を伺ってよろしいですか）

❺ **Excuse me, may I have your name again, please?**
（すみません、もう一度お名前をお願いできますか）

❶は、実際に電話を受ける際はあなたの勤務先の英語名で答えるところですが、レッスンではABC Companyでリピートしてみましょう。

❷はもう練習しましたね。How can I help you?あるいはCan/May I help you?でも同じ意味です。1つの意味に対して3つくらい、表現のバリエーションを覚えておくといいですよ。その中で「自分にとって心地良いリズム」「言いやすいフレーズ」が見つかるでしょうから、それを日頃メインとして使うのがコツです。

❸の代わりに、あなたが男性ならThis is he (speaking). 女性ならThis is she (speaking). と言ってもOK。このspeakingは省略可能です。

❹は❷と同様、May Iの二重母音をはっきり発音しないと、なかなか相手は聞き取れません。「メーアイ」にならないよう、注意しましょう。ちなみに、大企業の社長秘書などには、Who may I say is calling?(どなたがおかけでしょうか、どなたからのお電話と伝えましょうか)と言う人もいます。これは非常に丁寧な表現です。相手からこう言われたときに意味が分かるよう、覚えておくといいでしょう。

❺相手の情報を聞き返すのですから、丁寧な言葉でお願いするのが原則です。その点、May I have ...?はとても便利な表現ですので、使いこなしてください。May I have your phone number?(電話番号を教えていただけますか)、May I have your email address?(メールアドレスを教えていただけますか)など、さまざまな表現に応用できますよ。

ダイアログでリピート 「もしもし、ABC社です」

1. 音声を再生し、会話をまず通しで聞きましょう。
2. 次のトラックでは、ポーズでAさんとBさんのせりふをリピートしましょう。テキストを見ても構いません。CDを途中で止めないこと。

◉ 47～48

> A: ❶Hello, this is ABC Company. ❷How may I help you?
>
> B: Hello, this is Chris Schaefer from ALC Press. May I speak to Ms. Suzuki in the sales department?
>
> A: ❸Speaking.

A：もしもし、ABC社です。ご用件をどうぞ。
B：もしもし、ALCプレスのクリス・シェーファーです。営業部の鈴木さんをお願いできますか。
A：私です。

自分が「会社を代表して」電話を受けているイメージを思い浮かべながら練習できたでしょうか。受話器を持ってリピートしてもいいですね。繰り返しになりますが、本番では緊張します。**緊張感を味わうことも練習のうち**。また、リピートする際には、ここまでのレッスンで練習した発音をしっかり意識してください。

❷はそろそろ楽に言えるようになってきたでしょうか。How may I のつながりには常に注意してください。How は「ハウ」じゃなくて、「ハオ」と言うつもりで発音するのがコツでしたよね。may I がまだ「メーアイ」になっていませんか？　二重母音をしっかりはっきり発音しましょう。

日本語で話すのと同じくらい違和感なく英語が口から出るようになるまで、何度も繰り返しましょう。オリエンテーションでも言いましたが、実際に話すときの感情や、自分のせりふとして「言ってる感」も再現できているかどうかチェックしてください。「口が覚えてきたな」と思ったら、リピートの際にテキストから徐々に目を上げてみましょう。

ロールプレイ
 49

Aさんになったつもりで、ポーズですぐにせりふを言ってみましょう。
テキストを見ても構いません。CDを途中で止めないこと。
慣れるまで何度か繰り返しましょう。

プチ本番！
 49

今度はテキストを見ずに、ポーズですぐにAさんのせりふを言ってみましょう。CDを途中で止めないこと。慣れるまで何度か繰り返しましょう。

ダイアログでリピート 「お名前を伺ってよろしいですか」

1. 音声を再生し、会話をまず通しで聞きましょう。
2. 次のトラックでは、ポーズでAさんとBさんのせりふをリピートしましょう。テキストを見ても構いません。CDを途中で止めないこと。

🎧 50～51

A: ❶ Hello, this is ABC Company. ❷ How may I help you?

B: Hello, may I speak to the person in charge of sales?

A: ❹ May I ask who's calling?

B: This is Chris Schaefer from ALC Press.

A: ❺ Excuse me, may I have your name again, please?

A：もしもし、ABC社です。ご用件をどうぞ。
B：もしもし、営業のご担当者をお願いできますか。
A：お名前を伺ってよろしいですか。
B：ALCプレスのクリス・シェーファーです。
A：すみません、もう一度お名前をお願いできますか。

本番まであと2時間!!

先ほどとは少し展開の異なる会話です。ここでも、自分が実際に電話を受けている状況をイメージしながら練習しましょう。

❹のMay Iにはここでも注意が必要です。「メーアイ」ではありませんよ。「メイ」「アイ」の二重母音をしっかりはっきり声に出しましたか。また、askのaは「あご落とし」の母音ですね。下あごを下げて「台形の口」で発音しましょう。

相手の名前が聞き取りにくくても決して焦らず、❺で応対してください。その際、必ずExcuse me(すみませんが……)を頭に付けること。そうすれば丁寧に聞こえます。

ロールプレイ　　　　　　　　　　　　　　　　　● 52

Aさんになったつもりで、ポーズですぐにせりふを言ってみましょう。
テキストを見ても構いません。CDを途中で止めないこと。
慣れるまで何度か繰り返しましょう。

プチ本番！　　　　　　　　　　　　　　　　　● 52

今度はテキストを見ずに、ポーズですぐにAさんのせりふを言ってみましょう。CDを途中で止めないこと。慣れるまで何度か繰り返しましょう。

Check!　息をしっかり出したか　□　　子音をはっきり発音したか　□　　本番をイメージしたか　□

知っておこう 電話を「受ける」便利フレーズ

Unit 1で練習したフレーズの他にも、電話を受けるときに役立つフレーズはいろいろあります。ポーズでリピートしましょう。

 53

 誰と話したいか確認したい

Who would you like to speak to?
（誰におかけでしょうか）

＊Unit 2でじっくり練習します。Whom would you like to speak to?とWhomを使っても同じ意味です。

 会社名を言ってもらいたい

May I have the name of your company, please?
（御社の社名をお願いできますか）

＊何かお願いする際には文末にpleaseを付けると、相手により丁寧な印象を与えることができます。

 相手の声が聞こえにくい

Excuse me, I can't hear you clearly.
（すみません、ちょっと聞き取りづらいのですが）

Could you please speak a little louder?
（もうちょっと大きなお声で話していただけますか）

＊pleaseは文末の他、このようにCould you please ...?の語順でも使います。

本番まであと2時間!!

Would you speak up a little?
(もうちょっと大きなお声で話していただけますか)

＊ speak upは「もっと大きな声で話す」という意味です。

もう一度言ってほしい

Could you say that again, please?
(もう一度おっしゃっていただけますか)

Could you repeat what you said?
(おっしゃったことを繰り返していただけますか)

スペルを教えてほしい

Could you please spell your name?
(お名前のスペルを教えていただけますか)

How do you spell your name?
(お名前はどのようなスペルですか)

I'm sorry, I couldn't catch your name. Could you tell me the spelling?
(すみません、お名前を聞き取れませんでした。スペルを教えていただけますか)

＊ これに対して答えるときは、
"Tanaka. T as in tomato, a as in apple, n as in name, a as in apple, k as in key, a as in apple."
(タナカです。tomatoのt、appleのa、nameのn、appleのa、keyのk、appleのaです)
のように 〜 as in ...(…という単語にある〜という字です) を使ってアルファベットを特定します。…にはよく知られた単語を入れれば、間違いなく伝えることができます。

Check! 息をしっかり出したか □　子音をはっきり発音したか □　本番をイメージしたか □

Unit 1 到達度チェックリスト

次のフレーズを英語ですらすら言えるか確認しましょう。

> ☐「もしもし、ABC社です」
> ☐「ご用件をどうぞ」
> ☐「私です」（自分が指名されたときの答え方）
> ☐「お名前を伺ってよろしいですか」
> ☐「すみません、もう一度お名前をお願いできますか」

電話を「受ける」フレーズのレッスンは、いかがでしたか。上のリストですべての項目に✔が付いたでしょうか。もし「まだ不安だなあ……」と感じるものがあったら、次のユニットを始める前に確実に言えるようにしておきましょう。

本番まであと2時間!!

Unit 2 電話を「保留・転送する」 30分

ここから30分の目標

次のフレーズを英語ですらすら言えるようになりましょう。

- 「すみませんが、ただ今席を外しております」
- 「誰におかけでしょうか」
- 「少々お待ちください」
- 「営業部におつなぎします」

電話を受けたら、次は「お待ちください」と保留したり、担当者へ転送したりするステップに進みます。そのとき、担当者が不在ということもあり得ますね。こちらの意図や状況を正確に相手に伝えられるようになるため、ここから30分のレッスンで練習します。必要なときに英語が自然に口をついて出るよう、決まったパターンに十分慣れておくことが肝心です。

フレーズでリピート

音声を再生し、ポーズでリピートしましょう。
慣れるまで何度か繰り返しましょう。

🔴 54

❶ **I'm afraid he's not at his desk now.**
（すみませんが、ただ今席を外しております）

❷ **Who would you like to speak to?**
（誰におかけでしょうか）

❸ **Please hold for a moment.**
（少々お待ちください）

❹ **I'll connect you to the sales department.**
（営業部におつなぎします）

---

❶ I'm afraid は [ai/mə/freid] と自然につなげて発音しましょう。「アイム」「アフレイド」ではありません。m の後や f の後に「ウ」を入れないよう気を付けてください。また、3 番目の音の区切りを [freid] と [f] から始める点に気を付ければ、自然な英語のリズムが生まれますよ。

he's not も区切らず、[hi:/znɑt] とつなげて言いましょう。このとき、[z] は歯の先から強めに息を出して、明瞭に響かせると英語らしい発音になります。

本番まであと2時間!!

❷では、would you の [d] を強く発音しましょう。また、[wu/dju:] のように2語をつなげて言う練習をしてください。さらに、like to speak to の2つの to を明確に破裂させるのがポイントです。いずれも、[t] の後の母音 [u:] は唇を突き出して筒を作り、[t] の息を通す感じで発音するのがコツです。

❸の hold は「(電話口に相手が出るまで)待つ」という意味。hold の [d] をしっかり破裂させることが大切です。他に Please hold the line. や Hold one moment, please. と言っても同じ意味。Just a moment, please. や One moment, please. でも代用できます。詳しくは後ほど「便利フレーズ」(p. 46)で練習します。

❹の connect you to 〜(〜に転送する・つなぐ)はひとまとまりの音として覚えておくと便利です。子音を強く発音しましょう。また、[kɑnek/tʃu:/tu:] のように connect と you をリエゾンさせる(つなげて発音する)と言いやすくなります。

> 忘れてませんか？
> 3点チェック！

Check! 息をしっかり出したか □　子音をはっきり発音したか □　本番をイメージしたか □

ダイアログでリピート 「すみませんが ただ今席を外しております」

1. 音声を再生し、会話をまず通しで聞きましょう。
2. 次のトラックでは、ポーズでせりふをリピートしましょう。CDを途中で止めないこと。

◉ 55〜56

A: Hello, this is ABC Company. How may I help you?

B: This is Carol Jenkins from XYZ Company. Could I speak to Mr. Tanaka in the sales department?

A: ❶ I'm afraid he's not at his desk now.

A：もしもし、ABC社です。ご用件をどうぞ。
B：XYZ社のキャロル・ジェンキンズです。営業部の田中さんをお願いできますか。
A：すみませんが、ただ今席を外しております。

Aさんの最初のせりふは定番フレーズ。**受話器を取ったらすぐに言えることが大事ですね。**Helloでは、**hでしっかり息を吐きましたか。**また、this is は「ディス」「イズ」と区切らずに、[ði/siz]と**子音と母音を音節単位でつなげて読めたでしょうか。**

本番まであと2時間!!

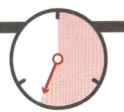

また、繰り返しになりますが、How may I help you?のmay Iでは、二重母音を明確に発音する点をあらためて意識してみてください。

❶は発音の注意点が満載で手ごわいフレーズでしたね。I'm afraidでmとfの後に「ウ」を入れず、自然につなげて読めているでしょうか。また、he's notを区切らずにつなげて言えていますか。いま一度確認しましょう。電話で頻出するフレーズですので、何度も繰り返して口に覚えさせてくださいね。

なお、at his deskの[t]はしばしば脱落する(発音されない)点も、頭に入れておきましょう。

ロールプレイ　●57

Aさんになったつもりで、ポーズですぐにせりふを言ってみましょう。CDを途中で止めないこと。慣れるまで何度か繰り返しましょう。

プチ本番！　●57

今度はテキストを見ずに、ポーズですぐにAさんのせりふを言ってみましょう。CDを途中で止めないこと。慣れるまで何度か繰り返しましょう。

Check! 息をしっかり出したか■　子音をはっきり発音したか■　本番をイメージしたか■

ダイアログでリピート 「営業部におつなぎします」

1. 音声を再生し、会話をまず通しで聞きましょう。
2. 次のトラックでは、ポーズでせりふをリピートしましょう。CDを途中で止めないこと。

🔴 58〜59

A: Hello, this is ABC Company. May I help you?

B: Hello, this is Carol Jenkins from XYZ Company.

A: ❷ Who would you like to speak to?

B: I would like to speak to the person in charge of the sales department.

A: ❸ Please hold for a moment. ❹ I'll connect you to the sales department.

A：もしもし、ABC社です。ご用件をどうぞ。
B：もしもし、XYZ社のキャロル・ジェンキンズです。
A：誰におかけでしょうか。
B：営業部の責任者の方をお願いします。
A：少々お待ちください。営業部におつなぎします。

本番まであと2時間!!

❸は保留・転送時だけでなく、やり取りの途中で話の内容が分からなくなったときにも使えるフレーズです。相手にいったん待ってもらえば、どう答えたらいいか考える余裕が生まれますよね。

丁寧な応対のためには、「少々お待ちください」の後に❹を付け加えるなど、これから何をするか相手に知らせるプロセスが欠かせません。電話ではこのように、こちらの意図を相手に伝えることが大切です。なお、あなたが担当者の名前を知っていれば、I'll connect you to Mr./Ms. Suzuki.(鈴木におつなぎします)のように取り次いでもOK。誰が担当しているか知らずにかけてきた相手も、これを聞けば安心できるでしょう。ちなみに、社内の人の姓にも、Mr.またはMs.を付けます。

ロールプレイ　　🔘 60

Aさんになったつもりで、ポーズですぐにせりふを言ってみましょう。CDを途中で止めないこと。慣れるまで何度か繰り返しましょう。

プチ本番！　　🔘 60

今度はテキストを見ずに、ポーズですぐにAさんのせりふを言ってみましょう。CDを途中で止めないこと。慣れるまで何度か繰り返しましょう。

Check! 息をしっかり出したか　子音をはっきり発音したか　本番をイメージしたか

知っておこう 「保留・転送する」便利フレーズ

電話の保留・転送のとき、また担当者が不在のときに役立つフレーズを紹介します。ポーズでリピートしましょう。

● 61

受けた電話を保留したい

Just a moment, please.
(少々お待ちください)

* One moment, please.と同様、定番中の定番フレーズ。とっさの場合も口をついて出るようにしておきましょう。

Please hold the line.
(そのままお待ちください、少々お待ちください)

* hold the lineは「電話を切らずにそのまま待つ」という意味。フレーズ全体をひとまとまりとして覚えましょう。

May I put you on hold?
(お待ちいただいてよろしいですか)

* ここでのholdは名詞。put someone on hold([人]を電話口で待たせる、[人]の電話を保留する)という決まり文句で使われます。

今はいないと伝えたい

He's/She's out now.
(ただ今、外出中です)

* He's/She's not in the office now.(ただ今、社内におりません)と言うこともできます。

本番まであと2時間!!

He's/She's already left for home today.
(本日はもう退社しました)

* leave for homeで「帰途に就く」という意味。ここでは現在完了形has left for homeの形で使われています。

He's/She's absent today.
(本日は休みをいただいております)

伝言を預かりたい

Shall I take a message?
(ご伝言を承りましょうか)

* 「伝言を預かる」はtake a message、「伝言を残す」はleave a messageです(Unit 3で練習します)。

I'll make sure he/she gets your message.
(いただいたご用件を本人に確かに申し伝えます)

* make sure 〜は「必ず(人が)〜するよう計らう」。
  get your message(あなたの伝言を受け取る)も覚えておきましょう。

折り返す時間を確かめたい

When shall I have him/her return your call?
(いつ折り返しお電話させましょうか)

* have＋目的語＋動詞の原形で「(目的語)に(動詞)させる」という意味。
  return one's call ([人の]電話に折り返す)も押さえましょう。

Check! 息をしっかり出したか □　　子音をはっきり発音したか □　　本番をイメージしたか □

Unit 2 到達度チェックリスト

次のフレーズを英語ですらすら言えるか確認しましょう。

- □「すみませんが、ただ今席を外しております」
- □「誰におかけでしょうか」
- □「少々お待ちください」
- □「営業部におつなぎします」

ここまでのレッスンはいかがでしたか。早いもので、3時間のレッスンのうち2時間が経過しました。ラストスパートの1時間では、さらに進んで「自分から電話をかける」「アポイントを取る」といったシチュエーションに挑戦します。

本番まであと**1時間**!!

電話を「受ける」「保留・転送する」と来たら、次はお待ちかね！ 電話を「かける」、そして「一歩進んだやり取りをする」フレーズを練習して、本番に備えます。

Unit 3 電話を「かける」30分

ここから30分の目標

次のフレーズを英語ですらすら言えるようになりましょう。

- ▸「もしもし、ABC社の田中智広です」
- ▸「営業のご担当者とお話しできますか」
- ▸「御社の新製品についてです」
- ▸「営業部のジャクソンさんをお願いします」
- ▸「伝言をお願いできますか」
- ▸「お戻りになったらお電話をくださるようお伝えください」

1時間後にはいよいよ電話をかける。そんな自分を想像してください。リピートするときには字面を追うだけでなく、本番の「どきどき感」も味わいながら口慣らしするといいですよ。

フレーズでリピート 音声を再生し、ポーズでリピートしましょう。
慣れるまで何度か繰り返しましょう。

🔴 62

❶ **Hello, this is Tomohiro Tanaka from ABC Company.**
（もしもし、ABC社の田中智広です）

❷ **Could I speak to the person in charge of sales?**
（営業のご担当者とお話しできますか）

❸ **It's about your new product.**
（御社の新製品についてです）

❹ **I would like to speak to Mr. Jackson in the sales department.**
（営業部のジャクソンさんをお願いします）

❺ **Could I leave a message?**
（伝言をお願いできますか）

❻ **Please have him call me when he comes back.**
（お戻りになったらお電話をくださるようお伝えください）

電話をかけるときには緊張するものです。しかし、緊張しすぎてフレーズを忘れないように、❶はぜひ場面を想像し、臨場感を味わいながら練習することをお勧めします。

本番まであと1時間!!

❷のCould I speak toは、[ku/dai/spiː/ktuː]のようにCouldとI、speakとtoをつなげて読みましょう。特にspeak to [spiː/ktuː]ではkの後に「ウ」を入れないよう注意。[ktuː]が1つの音節を形成するように発音してください。charge of [tʃɑːr/dʒɔv]は「チャージ」「オブ」ではありません。chargeの後に「イ」を入れず、「チャージョブ」くらいの感覚で言うと発音しやすいでしょう。

❸はIt's about your [i/tsə/bau/tʃɔːr]は二重子音 [ts] と [tʃ] で強い破裂を伴います。ここでは息を強く吐くことも重要です。

❹ではlike to speak toの2つのtoを明確に破裂させましょう。

❺はmessageで日本語の「メッセージ」に引きずられないよう要注意です。むしろ「メスィジ」と言う方が英語の発音に近くなります。ssの [s] は強くはっきり発音しましょう。

❻は使役動詞have＋目的語＋動詞の原形（[目的語]に[動詞]してもらう、[目的語]に[動詞]させる）を含むフレーズです。
have him call me [hæ/vhi/mkɔː/lmiː] をひとまとまりに言いましょう。このとき、vとmの後に余計な「ウ」を入れないよう要注意です。

Check! 息をしっかり出したか ☐　子音をはっきり発音したか ☐　本番をイメージしたか ☐

ダイアログでリピート 「営業のご担当者とお話しできますか」

1. 音声を再生し、会話をまず通しで聞きましょう。
2. 次のトラックでは、ポーズでせりふをリピートしましょう。CDを途中で止めないこと。

◉ 63〜64

A: ❶ Hello, this is Tomohiro Tanaka from ABC Company. ❷ Could I speak to the person in charge of sales?

B: May I ask what this is regarding?

A: ❸ It's about your new product.

A：もしもし、ABC社の田中智広です。営業のご担当者とお話しできますか。
B：どのようなご用件か伺ってよろしいですか。
A：御社の新製品についてです。

❶復習になりますが、Helloのhでしっかり息を吐いていますか。また、this isは[ði/siz]と子音と母音を音節単位でつなげて読めているでしょうか。

本番まであと1時間!!

❸は「アバウト」「プロダクト」というカタカナ発音では相手に伝わりません。It's about yourを音のまとまりで覚えておくといいでしょう。なお、[ts]と[tʃ]は**破擦音**と呼ばれ、破裂と摩擦（息がこすれる音）の両方を伴うため、非常に強い息が出ます。**ネイティブスピーカーは相手の息の音を聞き取っています。息をしっかり出さないと、非常に不明瞭な発音になりますので**、特に電話ではその点に注意する必要があります。

なお、BさんのMay I ask what this is regarding?は既習のMay I ask what it's about?（どのような件についてでしょうか）(p. 22)と同じように使えますが、より丁寧な印象を与える表現です。

ロールプレイ 🔴 65

Aさんになったつもりで、ポーズですぐにせりふを言ってみましょう。CDを途中で止めないこと。慣れるまで何度か繰り返しましょう。

プチ本番！ 🔴 65

今度は**テキストを見ずに**、ポーズですぐにAさんのせりふを言ってみましょう。CDを途中で止めないこと。慣れるまで何度か繰り返しましょう。

Check! 息をしっかり出したか ☐　子音をはっきり発音したか ☐　本番をイメージしたか ☐

ダイアログで リピート 「伝言をお願いできますか」

1. 音声を再生し、会話をまず通しで聞きましょう。
2. 次のトラックでは、ポーズでせりふをリピートしましょう。CDを途中で止めないこと。

🔊 66〜67

A: **Hello, this is Sayaka Shimoyama from ABC Company. ❹I would like to speak to Mr. Jackson in the sales department.**

B: **I'm afraid he's not at his desk at the moment.**

A: **❺Could I leave a message?**

B: **Certainly.**

A: **❻Please have him call me when he comes back.**

A：もしもし、ABC社の下山さやかです。営業部のジャクソンさんをお願いします。
B：すみませんが、ただ今席を外しております。
A：伝言をお願いできますか。
B：どうぞ。
A：お戻りになったらお電話をくださるようお伝えください。

本番まであと1時間!!

相手が離席中なら❺を使えば、何度もかけ直さずに済みますね。Could I [kʊ/daɪ] はリエゾンを伴います(語末の子音と語頭の母音がつながります)。

❺の後に具体的な用件を伝えてもいいのですが、一番簡単なのは「折り返してください」。次の❻がすぐ口から出るようにしておきましょう。

❻の have him call me [hæ/vhi/mkɔː/lmiː] は子音のリンキング(音がつながる現象)が起こります。フレーズ後半では、comes back の [z] の音を強く発音すること。また、[b] をしっかり破裂させるのも忘れずに。

ロールプレイ 🔴 68

Aさんになったつもりで、ポーズですぐにせりふを言ってみましょう。CDを途中で止めないこと。慣れるまで何度か繰り返しましょう。

プチ本番! 🔴 68

今度はテキストを見ずに、ポーズですぐにAさんのせりふを言ってみましょう。CDを途中で止めないこと。慣れるまで何度か繰り返しましょう。

Check! 息をしっかり出したか □　子音をはっきり発音したか □　本番をイメージしたか □

知っておこう 電話を「かける」便利フレーズ

決まったフレーズを状況に応じて使い分けることができれば、相手の不在などの予測できない事態が起こったときにも安心です。

◉ 69

相手を確認したい

Hello, is this ABC Company?
This is Ms. Hayashi from XYZ Press.
(もしもし、ABC社さまですか。XYZプレスの林と申します)

＊Is this ...?はかけた相手を確かめるときに使うフレーズです。フルネームの代わりに姓のみで名乗る場合、あなたが女性ならMs.＋姓、男性ならMr.＋姓を使いましょう。

担当者に替わってほしい

Could I speak to the person in charge?
(どなたかご担当者はいらっしゃいますか)

＊in charge(担当の)は既習のthe person in charge of ...(…の担当者・部署責任者)の他、ここでのようにof ...なしでも使えます。

こちらからかけ直したい

I'll call again later.
(また後ほどかけ直します)

＊再度、自分から電話する意図を伝えるためのフレーズです。

本番まであと1時間!!

📞 折り返してほしい

Could you ask him/her to call me when he/she gets back?
(お戻りになったらお電話をくださるようお伝えくださいますか)

＊既習のPlease have him/her call me when he/she comes back.と同様に使えます。ask＋目的語＋to doは「…するよう（目的語）に頼む」という意味。when he/she gets back（戻ったとき）の代わりにwhen he/she has time（お時間のあるときに、お手すきのときに）なども使えます。

Could you ask him/her to call me at 123-4567-8910?
(123-4567-8910番にお電話をくださるようお伝えくださいますか)

＊call someone at＋電話番号で「(電話番号)にかける」という意味です。

📞 電話があったと伝えてほしい

Could you just tell him/her that I called?
(お電話を差し上げたことだけお伝えくださいますか)

📞 用件を伝えてほしい

Please tell him/her that the supplies have arrived.
(備品が届いたとお伝えください)

＊that ...の後に具体的な内容を表すセンテンスを続けます。

Unit 3 到達度チェックリスト

次のフレーズを英語ですらすら言えるか確認しましょう。

- □「もしもし、ABC社の田中智広です」
- □「営業のご担当者とお話しできますか」
- □「御社の新製品についてです」
- □「営業部のジャクソンさんをお願いします」
- □「伝言をお願いできますか」
- □「お戻りになったらお電話をくださるようお伝えください」

英文を目で追うだけでは不十分。きちんと声を出していますか？ 英会話は頭で覚えるだけでなく、口でも覚えることが大切です。そのためにも「正確な発音で」「本番さながらの感情をこめて」「口が覚えるまで、口慣らしする」練習が欠かせません。オリエンテーションで挙げたこれら3点を、いま一度振り返ってみてください。

本番まであと1時間!!

Unit 4 話を「進める」30分

ラスト30分の目標

次のフレーズを英語ですらすら言えるようになりましょう。

- 「来週お会いするお約束をいただきたく、お電話を差し上げております」
- 「少しお話ししてもよろしいですか」
- 「ありがとうございます」
- 「もしお時間をいただければ、来週のどこかでお会いしたいのですが」
- 「水曜日の午後はいかがですか」
- 「いつご都合がよろしいですか」
- 「では次の火曜日、2時にお目にかかります」

さて、会話も本題に入ると、具体的な情報をやり取りする必要が生じます。いろいろな話題が考えられますが、ここでは特に面会や打ち合わせの日時の相談を例に挙げて、必須フレーズとやり取りのパターンを練習します。互いの予定をすり合わせ、上手に話をまとめましょう。

フレーズでリピート

音声を再生し、ポーズでリピートしましょう。
慣れるまで何度か繰り返しましょう。

🔴 **70**

❶ I'm calling to set up an appointment with you for sometime next week.
（来週お会いするお約束をいただきたく、お電話を差し上げております）

❷ Could I speak to you for a moment?
（少しお話ししてもよろしいですか）

❸ Thank you.
（ありがとうございます）

❹ If you have time, I would like to meet you sometime next week.
（もしお時間をいただければ、来週のどこかでお会いしたいのですが）

❺ How about Wednesday afternoon?
（水曜日の午後はいかがですか）

❻ When will you be available?
（いつご都合がよろしいですか）

❼ Then, I'll see you next Tuesday at 2 o'clock.
（では次の火曜日、2時にお目にかかります）

本番まであと1時間!!

❶のset up an appointmentはリエゾンの宝庫。字面どおり1語ずつ区切るのではなく、子音と母音をつなげて [se/tʌ/pə/nə/pɔi/nt/ment] と読みましょう。

❸Thank you. [θæŋ/kju:]は意外と発音が難しいフレーズです。[kju:]は「キュー」ではなく、むしろ「キイウー」に近い音。[k]で息を出した後、いったん「イ」の口を作って息を広げてから、[ju:]に移る要領で言ってみましょう。

❹If you [i/fju:]ではfの後に「ウ」は入りません。ここも[f]の後でいったん「イ」の形に口を横に引いてから、[ju:]に息を集める感覚で発音しましょう。

❺のHow about [hauə/baut]は日本人の弱点が出やすいところです。音の区切りは「ハウ」「アバウト」ではなく、むしろ「ハウア」「バウト」。[hauə]はリンキングで母音どうしがつながります。これを1音節として一息で発音しましょう。

❻はWhen will youまで唇を突き出す音が続きます。Whenの[hw]はwの口でhを発音。wでは「ひょっとこ」のように唇を突き出し、唇の先に息を当てて震えさせます。続くwillのwも同じく「ひょっとこ」の口で発音しましょう。

❼I'll [aił]のような語尾のL、また子音直前のLは「ダークL」というこもった音になります。「ダークL」は舌先をどこにも付けず発音します。

Check! 息をしっかり出したか ■   子音をはっきり発音したか ■   本番をイメージしたか ■

ダイアログで リピート 「来週お会いするお約束をいただきたく……」

1. 音声を再生し、会話をまず通しで聞きましょう。
2. 次のトラックでは、ポーズでせりふをリピートしましょう。CDを途中で止めないこと。

🔘 71〜72

A: ❶ I'm calling to set up an appointment with you for sometime next week.
❷ Could I speak to you for a moment?

B: Yes, please go ahead.

A: ❸ Thank you.

A：来週お会いするお約束をいただきたく、お電話を差し上げております。少しお話ししてもよろしいですか。
B：はい、どうぞ。
A：ありがとうございます。

❶ set up an appointment（面会などの約束を取り決める）には [t][p] といった破裂音がたくさん含まれます。appointment の2つの [t] をしっかり破裂させましょう。また、with you [wi/ðjuː] では th の後に「ウ」を入れません。[ð] でいったん口を横に引き、その後「ユー」の筒の形をした口に息を通す感じで言うと正しく発音しやすいですよ。

本番まであと1時間!!

電話をかけると相手の状況に関係なく時間を奪ってしまいます。用件に入る前にひと言❷のフレーズで、時間をもらってもいいか許可を求めるのが礼儀です。電話の定番フレーズ、Could I speak to [ku/dai/spiː/ktuː] にもそろそろ慣れたでしょうか。子音と音節を意識してキレの良い発音を心掛けましょう。

ロールプレイ 🔴 73

Aさんになったつもりで、ポーズですぐにせりふを言ってみましょう。CDを途中で止めないこと。慣れるまで何度か繰り返しましょう。

プチ本番！ 🔴 73

今度はテキストを見ずに、ポーズですぐにAさんのせりふを言ってみましょう。CDを途中で止めないこと。慣れるまで何度か繰り返しましょう。

Check! 息をしっかり出したか☐　子音をはっきり発音したか☐　本番をイメージしたか☐

ダイアログでリピート 「いつご都合がよろしいですか」

1. 音声を再生し、会話をまず通しで聞きましょう。
2. 次のトラックでは、ポーズでせりふをリピートしましょう。CDを途中で止めないこと。

🔘 74〜75

A: ❹ If you have time, I would like to meet you sometime next week. ❺ How about Wednesday afternoon?

B: I'm afraid I can't manage Wednesday.

A: ❻ When will you be available?

B: Tuesday would suit me better.

A: ❼ Then, I'll see you next Tuesday at 2 o'clock.

A：もしお時間をいただければ、来週のどこかでお会いしたいのですが。
　　水曜日の午後はいかがですか。
B：すみませんが、水曜日は時間が取れないんです。
A：いつご都合がよろしいですか。
B：火曜日の方が都合がいいのですが。
A：では次の火曜日、2時にお目にかかります。

本番まであと1時間!!

❻の available は「(人が)面談などに応じられる、出席できる、手が空いている」という意味。available の [v] は長め、強めに息を出すこと。また、❼の I'll と同様に語尾の「ダークL」を意識してみましょう。

予定を決めたら、❼のように忘れず確認を。at 2 o'clock では [t] が脱落しますが、「アッ」のように脱落した分の間(ま)は残ります。よく聞いてリズムをつかんでください。o'clock の2つの [k] もポイント。破裂音特有のはじける感覚を再現するつもりで言ってみましょう。

I'm afraid I can't manage 〜.(すみませんが、〜は時間が取れません)と 〜 would suit me better.(〜の方が都合が良いです)は覚えておくと便利。日時の相談の際に使えます。

ロールプレイ　🔊 76

Aさんになったつもりで、ポーズですぐにせりふを言ってみましょう。CDを途中で止めないこと。慣れるまで何度か繰り返しましょう。

プチ本番！　🔊 76

今度はテキストを見ずに、ポーズですぐにAさんのせりふを言ってみましょう。CDを途中で止めないこと。慣れるまで何度か繰り返しましょう。

Check! 息をしっかり出したか ☐　子音をはっきり発音したか ☐　本番をイメージしたか ☐

知っておこう 話を「進める」便利フレーズ

相手の状況に合わせて、適切なタイミングで使ってみてください。
話が複雑になったらメールも併用して、間違いのないよう再確認を。

● 77

今話せるか尋ねたい

Am I disturbing you?
(お邪魔でしょうか)

Am I calling at a bad time?
(今お電話してご迷惑ではありませんか)

* disturb …(…[仕事中などの人]を邪魔する)、at a bad time(都合の悪いときに)を使って、引き続き話しても支障ないかどうかを尋ねるフレーズです。

電話の目的を伝えたい

I'd like to discuss the estimates for the new product.
(新製品の見積もりについてご相談したいんですが)

* discussの後に用件を入れましょう。 I'd like to talk to you about the estimates for the new product.と言うこともできます。discuss＋目的語で「(目的語)について相談する」という意味。discussの後にabout(〜について)は不要です。

The reason for my call is to discuss the budget for the exhibition.
(展示会の予算について相談するためにお電話を差し上げております)

* The reason for my call is to discuss …(この電話は…について相談するためです)の後に相談内容を入れましょう。

本番まであと1時間!!

会う日時を決めたい

Can you manage next week?
(来週のご都合はいかがですか)

* manage ...(…[会合などの時間]を都合する)を応用した質問フレーズ。これに対して「都合が悪い」なら、I'm afraid I can't manage next week.(すみませんが、来週は時間が取れません)と答えます。

Tuesday would be fine.
(火曜日で結構ですよ)

* これと似ているTuesday would suit me better.(火曜日の方が都合が良いです)は、他の曜日と比べて都合を述べる表現です。

How about 2 o'clock on Wednesday afternoon?
(水曜日の午後2時はいかがですか)

* 時間と曜日を同時に尋ねる表現です。

続きはメールで

Could I send you the details by email?
(詳しいことはメールでお送りしてよろしいですか)

* 話が込み入ってきたときの対処として覚えておくと便利です。

電話を切りたい

I'm looking forward to seeing you then. Thank you. Goodbye.
(では、そのときにお会いしましょう。ありがとうございました。失礼します)

* looking forward to -ingは「～するのを楽しみにしている」という意味の決まり文句。電話を切る前にThank you.とGoodbye.を忘れずに言いましょう。

Check! 息をしっかり出したか　　子音をはっきり発音したか　　本番をイメージしたか

Unit 4 到達度チェックリスト

次のフレーズを英語ですらすら言えるか確認しましょう。

- □「来週お会いするお約束をいただきたく、お電話を差し上げております」
- □「少しお話ししてもよろしいですか」
- □「ありがとうございます」
- □「もしお時間をいただければ、来週のどこかでお会いしたいのですが」
- □「水曜日の午後はいかがですか」
- □「いつご都合がよろしいですか」
- □「では次の火曜日、2時にお目にかかります」

ゴールインおめでとうございます！　これですべてのレッスンが終了しました。
3時間の特訓ではたくさん声を出して、口の筋肉がほぐれたはず。これから電話をかけるあなたは、覚えたフレーズをもう一度ざっと言ってみてから、いざ受話器を手に取りましょう。もう恐れることはありません。自信を持って堂々と話しましょう。

言いたいことがすぐ分かる！ 機能別フレーズ集

必要に応じてコピーし、手元に常備しておくと便利です。電話でのとっさのひと言をかっこよく決めましょう！　　　　（ポーズ入り音声付き）

電話を受けるフレーズ

◎ 78

受話器を取って名乗る

「もしもし、(ABC社)です」
- Hello, this is ABC Company.

「(VWX社)です。おはようございます。／こんにちは」
- VWX Inc. Good morning. / Good afternoon.

「(XYZ社)です。(広報)担当の(武田かおる)がお受けしております」
- XYZ Company. Kaoru Takeda in public relations speaking.

電話を受けるフレーズ

用件を尋ねる

「ご用件をどうぞ」
- How may I help you? / How can I help you?
- May I help you? / Can I help you?

「どのようなご用件でしょうか」
- May I ask what it's about?
- May I ask what this is regarding?

答え方

「(御社の新製品)についてです」
- It's about your new product.

「どのようなご用件でお電話をいただいていますでしょうか」
- May I ask the purpose of your call?

答え方

「(御社の新製品)について伺いたいのです」
- I'd like to ask you about your new product.

相手の言葉を聞き返す

「もう一度おっしゃっていただけますか」
- Could you say that again, please?
- Could you repeat what you said?

「すみませんが、もっとゆっくり話していただけますか」(※)
- Excuse me, but could you speak more slowly?

「すみません、ちょっと聞き取りづらいのですが」
- Excuse me, I can't hear you clearly.

「もうちょっと大きなお声で話していただけますか」
- Could you please speak a little louder?
- Would you speak up a little?

(何度聞いても分からないとき)
「少々お待ちください。英語を話す者に替わります」
- One moment, please. I'll get someone who speaks English.

(※) 通常スピードと遅めの2種の英語音声が入っています。

電話を受けるフレーズ

誰と話したいか確認する

「誰におかけでしょうか」

- Who/Whom would you like to speak to?

「(鈴木)は2名います。お話しになりたい者はどの部署ですか」

- There are two Suzukis here. Do you know which department the person you want (to speak to) is in?

「男性の(鈴木)におかけですか、それとも女性の(鈴木)ですか」

- Would you like to speak to Mr. Suzuki or Ms. Suzuki?

「その者のファーストネームをいただけますか」

- Could you tell me the person's first name?

「すみません、こちらには(田中)という名前の者はおりません。(竹中)のことでしょうか」

- I'm sorry, there's no one called Tanaka here. Do you mean Mr. Takenaka?

「こちらにはそのような名前の者はおりません」

- There's no one here by that name.

間違い電話に対処する

「何番におかけでしょうか」
- Which number are you calling?

「すみませんが、番号をお間違えのようですね」
- Sorry, but I think you have the wrong number.

相手の名前を確認する

「お名前を伺ってよろしいですか」
- May I ask who's calling?
- Who may I say is calling?

「御社の社名をお願いできますか」
- May I have the name of your company, please?

「すみません、もう一度お名前をお願いできますか」
- Excuse me, may I have your name again, please?

電話を受けるフレーズ

スペルを確認する

「お名前のスペルを教えていただけますか」

- Could you please spell your name?
- How do you spell your name?

「すみません、お名前を聞き取れませんでした。スペルを教えていただけますか」

- I'm sorry, I couldn't catch your name. Could you tell me the spelling?

答え方

「タナカです。tomato の t、apple の a、name の n、apple の a、key の k、apple の a です」

- Tanaka. T as in tomato, a as in apple, n as in name, a as in apple, k as in key, a as in apple.

電話を保留・転送するフレーズ

🔘 79

保留する

「少々お待ちください」
- Just a moment, please.
- One moment, please.
- Hold one moment, please.
- Please hold for a moment.
- Please hold the line.

「お待ちいただいてよろしいですか」
- May I put you on hold?

(長い保留の後で)「お待たせして申し訳ございませんでした」
- Sorry to have kept you (waiting).

電話を保留・転送するフレーズ

転送する

「おつなぎします。少々お待ちください」

- I'll connect you. Just a moment, please.
- I'll put you through. One moment, please.

「(営業)部／(鈴木)におつなぎします」

- I'll connect you to the sales department / Ms. Suzuki.
- I'll put you through to the sales department / Ms. Suzuki.

今はいないと伝える

「ただ今(パーカー)は会議に出ております」

- Mr. Parker is attending a meeting now.

「すみませんが、ただ今席を外しております」

- I'm afraid he's/she's not at his/her desk now.
- I'm afraid he's/she's not at his/her desk at the moment.

「ただ今外出中でして、(本日午後3時)に戻ります」
- He's/She's out (of the office) now, but will be back at 3 o'clock this afternoon.
- He's/She's not in the office now, but will be back at 3 o'clock this afternoon.

「すみませんが、ただ今他の電話に出ております」
- I'm afraid his/her line is busy now.
- I'm sorry, but he/she is on another line now.

「本日はもう退社しました」
- He's/She's already left for home today.

「本日は休みをいただいております」
- He's/She's absent today.
- He's/She's off today.

次のページへ続く➡

電話を保留・転送するフレーズ

今はいないと伝える

「(ウィリアムズ)は(群馬)支店に転勤しました。そちらの電話番号をお知らせしましょうか」

- Mr./Ms. Williams was transferred to the Gunma branch. Do you want his/her new phone number?

「(シェーファー)は既に退職いたしました」

- Mr. Schaefer isn't with the company any more.
- Mr. Schaefer has left the company.

伝言を預かる

「ご伝言を承りましょうか」

- Shall I take a message?

「いただいたご用件を本人に確かに申し伝えます」

- I'll make sure he/she gets your message.

折り返す・かけ直してもらう

「折り返しお電話させましょうか」

- Shall I have him/her return your call?
- Shall I ask him/her to call you back?

「いつ折り返しお電話させましょうか」

- When shall I have him/her return your call?

「後ほどおかけ直しいただけますか」

- Could you call again later?

電話をかけるフレーズ

🔴 80

自分の名を名乗る

「もしもし、(ABC社)の(ジェニー・ウィルソン)と申します」

- Hello, this is Jenny Wilson from ABC Company.

「もしもし、(ABC社)さまですか。(XYZプレス)の(林)と申します」

- Hello, is this ABC Company? This is Ms. Hayashi from XYZ Press.

代理で電話をかける

「(RMC社)の(高田宏)と申します。(人事)部の(河田)の代理でお電話を差し上げております」

- This is Hiroshi Takada from RMC Inc. I'm calling on behalf of Mr. Kawada in the personnel department.

もらった電話に折り返す

「(スターナーさん)からいただいたお電話に折り返しています」
- I'm returning Ms. Sterner's call.

「(スターナーさん)から、折り返してほしいとのご伝言をいただきました」
- Ms. Sterner asked me to call her back.

問い合わせる

「(御社の新製品)についてお聞きしたいのですが」
- Could you tell me about your new product?

「(御社の製品の1つ)についてお問い合わせしたいのですが。こちらの部署でよろしいでしょうか」
- I'd like to ask you about one of your products. Am I calling the right department?

電話をかけるフレーズ

取り次いでもらう

「(営業)部の責任者の方をお願いできますか」

- Could I speak to the person in charge of the sales department?
- I would like to speak to the person in charge of the sales department.

「(営業)のご担当者をお願いできますか」

- May I speak to the person in charge of sales?

「(営業)部の(ジャクソンさん)をお願いできますか」

- May I speak to Mr. Jackson in the sales department?
- I would like to speak to Mr. Jackson in the sales department.

答え方

(自分が指名された場合)「私です」

- Speaking.
- This is he/she.
- This is he/she speaking.

「(経理)部の(デイビスさん)につないでいただけますか」

- Could you put me through to Ms. Davis in the accounting department?
- Could you connect me to Ms. Davis in the accounting department?

「内線(123)番をお願いできますか」

- May I have Extension 123, please?

「内線(123)番の(ジョーンズさん)をお願いできますか」

- May I speak to Ms. Jones at Extension 123, please?

(海外のホテルに滞在中の社員を呼び出して)
「(513)号室にいる(山田)につないでくださいますか」

- May I speak to Mr. Yamada who's staying in Room 513?

電話をかけるフレーズ

担当者に替わってもらう

「どなたかご担当者はいらっしゃいますか」
- Could I speak to the person in charge?

「この件に対応していただける方はいらっしゃいますか」
- Is there anyone who can handle this for me?

急ぎ連絡を取る

「彼／彼女の携帯電話の番号を教えていただけますか。すぐ連絡を取りたいんです」
- May I have his/her cellphone number? I need to contact him/her immediately.

「すぐお電話をくださるようお伝えいただけますか。こちらの番号は(123-4567-8910)番です」
- Could you ask him/her to call me immediately? My number is 123-4567-8910.

戻りを確認する

「いつお戻りになりますか」
- When do you expect him/her back?

「いつ休暇から戻られますか」
- When will he/she be back from his/her vacation?

「明日は会社にいらっしゃいますか」
- Will he/she be in the office tomorrow?

伝言する・かけ直す

「伝言をお願いできますか」
- Could I leave a message?
- Could you take a message?

「お電話を差し上げたことだけお伝えくださいますか」
- Could you just tell him/her that I called?

次のページへ続く➡

電話をかけるフレーズ

伝言する・かけ直す

「お戻りになったらお電話をくださるようお伝えください」

- Please have him/her call me when he/she comes back.
- Could you ask him/her to call me when he/she gets back?

「お手すきのときにお電話をくださるようお伝えくださいますか」

- Could you ask him/her to call me when he/she has time?

「(123-4567-8910)番にお電話をくださるようお伝えくださいますか」

- Could you ask him/her to call me at 123-4567-8910?

「また後ほど(11時ごろに)かけ直します(とお伝えくださいますか)」

- I'll call again later.
- Would you please tell him/her that I'll call again later?
- Would you please tell him/her that I'll call again around 11 o'clock?

「メールをお送りしたので、読んでくださるようお伝えくださいますか」
- I sent him/her an email, so could you ask him/her to read it?

「(備品が届いた)とお伝えください」
- Please tell him/her that the supplies have arrived.

話を進めるフレーズ

🔴 81

今話していいか尋ねる

①「少しお話ししてもよろしいですか」
- Could I speak to you for a moment?

①への答え方（話せる）

「はい、どうぞ」
- Yes, please go ahead.

②「お邪魔でしょうか」「今お電話してご迷惑ではありませんか」
- Am I disturbing you?
- Am I calling at a bad time?

②への答え方（迷惑ではない、話せる）

「いいえ、構いませんよ。どうぞ」
- No, not at all. Please go ahead.

> ①②への答え方（今は話せない）

「すみません、ちょうど外出するところなんです。後でまたお電話いたくのはご面倒でしょうか」

- I'm sorry, I'm just about to go out now. Would you mind calling again later?

「ごめんなさい、今は手が空きません。後でこちらから折り返しお電話差し上げてよろしいですか」

- I'm sorry, but I'm busy right now. Could I call you back later?

> **電話の目的を伝える**

「(新製品の見積もり)についてご相談したいんですが」

- I'd like to discuss the estimates for the new product.

「(新企画)についてお話ししたいんですが」

- I'd like to talk to you about the new project.

次のページへ続く➡

話を進めるフレーズ

電話の目的を伝える

「(展示会の予算)について相談するためにお電話を差し上げております」

- The reason for my call is to discuss the budget for the exhibition.

アポイントを取る

「(来週)お会いするお約束をいただきたく、お電話を差し上げております」

- I'm calling to set up an appointment with you for sometime next week.

「もしお時間をいただければ、(来週のどこかで)お会いしたいのですが」

- If you have time, I would like to meet you sometime next week.

「いつご都合がよろしいですか」

- When will you be available?

「(来週)のご都合はいかがですか」「(来週のどこかで)お会いできますか」

- Will you be available next week?
- Can you manage next week?
- Could I see you sometime next week?

「(水曜日の午後／水曜日の午後2時)はいかがですか」

- How about Wednesday afternoon?
- How about 2 o'clock on Wednesday afternoon?

「それで(水曜日の午後2時で)結構ですよ」

- That would be fine.
- Two o'clock on Wednesday afternoon would be fine.

「すみませんが、(水曜日)は時間が取れません」

- I'm afraid I can't manage Wednesday.

話を進めるフレーズ

アポイントを取る

「すみませんが、(2時)から(4時)までは時間が取れません」
- I'm afraid I'm not available from 2 to 4 o'clock.

「(火曜日/11時)の方が都合が良いです」
- Tuesday would suit me better.
- 11 o'clock would suit me better.

「何時に/どこで待ち合わせましょうか」
- What time / Where shall we meet?

「御社に伺ってもよろしいですか」
- Could I visit your office?

「弊社にいらしていただけますか」
- Could you come to our office?

「受付で私を呼んでください」
- Please ask for me at the reception.

「エントランスで内線(36)番を呼び出してください」
- Please call Extension 36 at the entrance.

予定を変更する

「電車が遅れているので、(15分)ほど遅刻します」
- The train is delayed, so I'll be about 15 minutes late.

「申し訳ありません、(今日)お会いできなくなりました」
- I'm sorry, but I won't be able to meet you today.

「時間／曜日を(4時／金曜日)に変更できますか」
- Would it be possible to change the time to 4 o'clock?
- Would it be possible to change the day to Friday?

次のページへ続く➡

話を進めるフレーズ

予定を変更する

「打ち合わせを(来週)に延ばせますか」
- Would it be possible to put off our meeting till next week?

(約束の時間に現れない相手に)
「(2時)からの打ち合わせだと思いましたが。どうかなさいましたか」
- I thought our meeting was from 2 o'clock. Is there anything wrong?

別途フォローする

「詳しいことはメールでお送りしてよろしいですか」
- Could I send you the details by email?

「こちらで検討しまして、後ほどご連絡を差し上げます」
- We'll think about it and contact you later.
- Let us think it over and get back to you later.

電話を切る

「では（次の火曜日）、(2時)にお目にかかります」

- **Then, I'll see you next Tuesday at 2 o'clock.**

「では、そのときにお会いしましょう。ありがとうございました。失礼します」

- **I'm looking forward to seeing you then. Thank you. Goodbye.**

「しごとのミニマム英語」シリーズ①
英語の電話　直前3時間の技術

発行日　2014年10月23日（初版）
著　者　竹村和浩
編　集　英語出版編集部

英文校正　Margaret Stalker
　　　　　Peter Branscombe
アートディレクション　山口桂子
本文デザイン　株式会社 創樹
本文イラスト　矢戸優人
撮　影　関 和代
ナレーション　Rachel Walzer、Greg Dale
録音・編集　株式会社メディアスタイリスト
CDプレス　株式会社 学研教育出版
DTP　　　株式会社 創樹
印刷・製本　シナノ印刷株式会社

発行者　平本照麿
発行所　株式会社アルク
　　　　〒168-8611 東京都杉並区永福2-54-12
　　　　TEL:03-3327-1101
　　　　FAX:03-3327-1300
　　　　Email:csss@alc.co.jp
　　　　Website:http://www.alc.co.jp/

落丁本、乱丁本は弊社にてお取り替えいたしております。
アルクお客様センター（電話:03-3327-1101　受付時間:平日9時
～17時）までご相談ください。
本書の全部または一部の無断転載を禁じます。著作権法上で認め
られた場合を除き、本書からのコピーを禁じます。
定価はカバーに表示してあります。

©2014 Kazuhiro Takemura / ALC PRESS INC.
Printed in Japan.
PC:7014061
ISBN:978-4-7574-2493-7

地球人ネットワークを創る

アルクのシンボル
「地球人マーク」です。